Qu'est-ce que COVID-19?

Alexis Roumanis

Explorer les autres livres à:
WWW.ENGAGEBOOKS.COM

VANCOUVER, C.-B.

ℓ WWW.ENGAGEBOOKS.COM

Qu'est-ce que COVID-19? Niveau 4
Roumanis, Alexis 1982 –
Texte © 2020 Engage Books
Design © 2020 Engage Books

Édité par Jared Siemens & Vanessa Bruno
Traduction par Pauline CAO
Design de couverture par A.R. Roumanis

Texte poser en Arial Regular.
L'en-tête des chapitres sont poser
en Arial Bold.

PREMÌERE EDITION / PREMIERE IMPRESSION

BIBLIOTHÈQUE ET ARCHIVES CANADA CATALOGAGE
AVANT PUBLICATION

Titre: Qu'est-ce que le COVID-19? Niveau de lecture 4 (cycle 4) / Alexis Roumanis.
Autres titres: What is COVID-19? Level 4 reader. Français

Noms: Roumanis, Alexis, author.
Description: Traduction de : What is COVID-19? Level 4 reader.

Identifiants: Canadiana (livre imprimé) 20200228889 |
Canadiana (livre numérique) 20200228927
ISBN 978-1-77437-277-7 (couverture rigide). –
ISBN 978-1-77437-278-4 (couverture souple). –
ISBN 978-1-77437-279-1 (pdf). –
ISBN 978-1-77437-280-7 (epub). –
ISBN 978-1-77437-281-4 (kindle).

Vedettes-matière:
RVM: COVID-19—Ouvrages pour la jeunesse.
RVM: COVID-19—Prévention—Ouvrages pour la jeunesse.
RVM: Infections à coronavirus—Ouvrages pour la jeunesse.

Classification: LCC RA644.C68 R68314 2020 | CDD J614.5/92—DC23

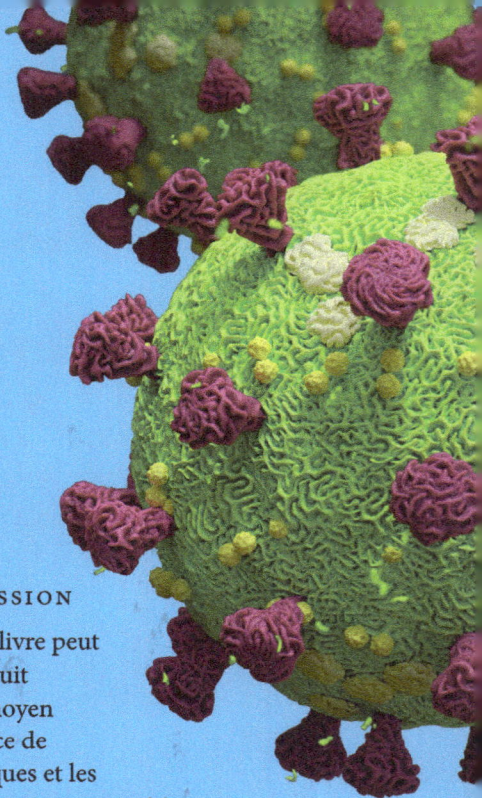

Sommaire

Qu'est-ce qu'un virus?

Les virus sont des types de microbes. Ils peuvent survivre à l'intérieur de n'importe quelle forme de vie, même dans les animaux et les plantes.

Le nom de *virus* vient du mot latin *virulentus*, qui signifie «toxique».

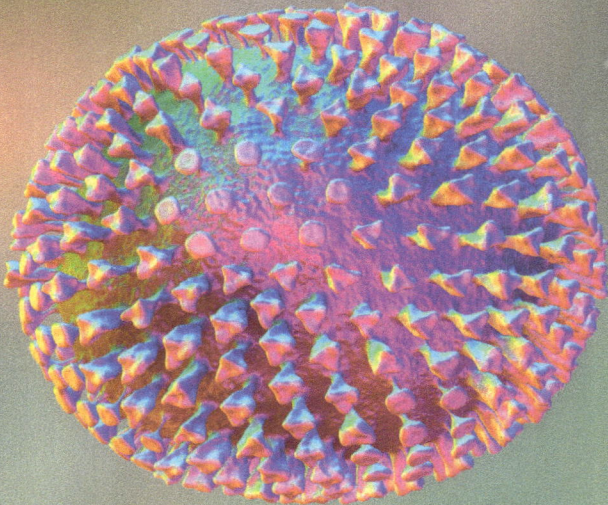

4

Lorsqu'un virus pénètre dans une forme de vie, il peut se dupliquer. Lorsqu'un virus se développe, il peut rendre les êtres vivants malades.

Les virus sont si petits qu'ils ne peuvent pas être vus sans microscope. Les **microscopes** peuvent grossir les virus 1000 fois.

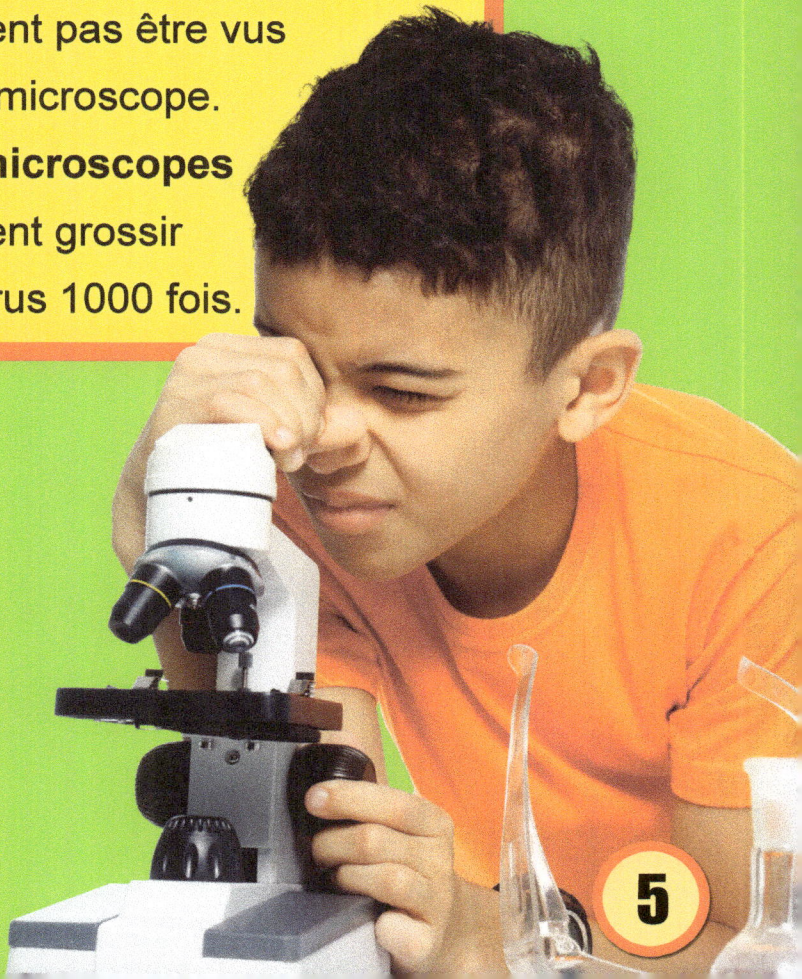

Que sont les coronavirus?

Un coronavirus est un type de virus qui affecte les mammifères et les oiseaux. Bien qu'il existe des centaines de types de coronavirus, seuls sept affectent les humains.

Le nom *coronavirus* vient du mot latin *corona*, qui signifie «couronne». Les scientifiques lui ont donné ce nom en raison des points en forme de couronne à la surface du virus.

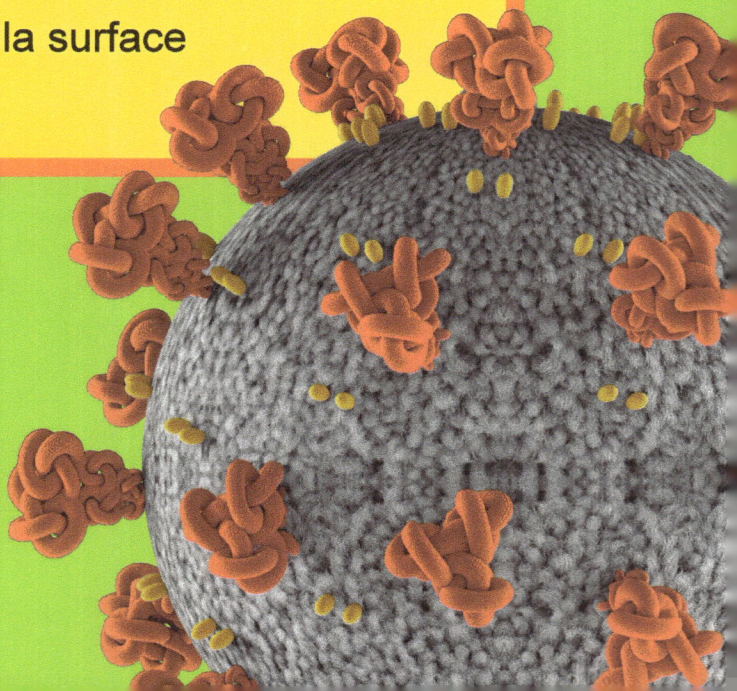

La plupart des gens ont eu un coronavirus à un moment donné de leur vie. Les coronavirus courants peuvent provoquer un écoulement nasal, un mal de gorge et une toux.

En 2002, un coronavirus appelé SRAS a infecté environ 8 000 personnes dans le monde. Les médecins croient que le SRAS s'est propagé aux humains par les chauves-souris en fer à cheval.

Qu'est-ce que COVID-19?

Fin 2019, un nouveau coronavirus appelé COVID-19 a commencé à rendre les gens malades en Chine. C'était très **contagieux**. Il a atteint plus de 170 pays au début de 2020. COVID-19 a été qualifié de **pandémie** en raison de sa rapidité et de sa propagation à travers le monde.

Amérique du Nord

océan Atlantique

océan Pacifique

Amérique du Sud

Saint Kitts et Nevis

Le 24 mars 2020, Saint Kitts et Nevis a signalé des cas de COVID-19. C'était le dernier endroit des Amériques à être exempt de virus.

0   2000 miles

0   4000 kilomètres

N

Légende
Terre
Océan

Wuhan, Chine

De nombreux scientifiques pensent que le COVID-19 a commencé chez les chauves-souris. Les premiers humains découverts avec le virus vivaient à Wuhan, en Chine.

océan Arctique

L'Éurope

Asie

Afrique

océan Pacifique

océan Indien

Australie

océan Austral

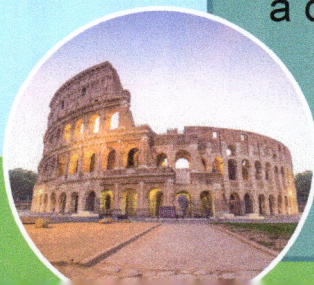

Italie

L'Italie est le premier pays à demander à tous ses habitants de rester chez eux à cause du COVID-19.

Antarctique

9

Quels sont les symptômes du COVID-19?

De nombreuses personnes ont des réactions différentes au COVID-19. Certaines personnes atteintes du COVID-19 se sentiront normales ou seulement légèrement malades. D'autres personnes ressentent des **symptômes** courants comme la toux, la fièvre et des difficultés respiratoires.

Certaines personnes peuvent présenter des symptômes graves. Il s'agit notamment d'une infection dans l'un ou les deux poumons appelée **pneumonie**.

Environ 5% seulement des personnes infectées par le COVID-19 doivent se rendre à l'hôpital.

Comment le COVID-19 se propage-t-il?

Le COVID-19 se propage généralement d'un être humain à un autre. Lorsqu'une personne infectée tousse ou éternue, de petites gouttelettes peuvent atterrir sur les autres. Toucher une personne infectée peut également propager le virus.

Les gens peuvent avoir COVID-19 jusqu'à 14 jours avant de montrer des signes de maladie.

Le COVID-19 peut survivre dans l'air jusqu'à trois heures. Le virus peut également survivre sur des surfaces et se propager lorsqu'il est touché. Le COVID-19 peut survivre sur diverses surfaces pendant différentes durées.

4 heures

Le cuivre

1 jour

Le carton

3 jours

L'acier inoxydable

3 jours

Le plastique

Comment arrêter la propagation du COVID-19

Lave-toi les mains avec du savon pendant au moins 20 secondes.

Ne touche pas tes yeux, ton nez ou ta bouche.

Éternue ou tousse dans un de tes coudes.

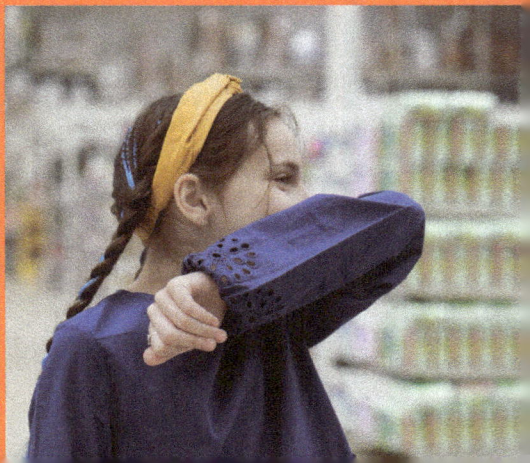

14

Lave fréquemment les surfaces que tu touches.

Ne partage pas ta nourriture et tes boissons avec les autres.

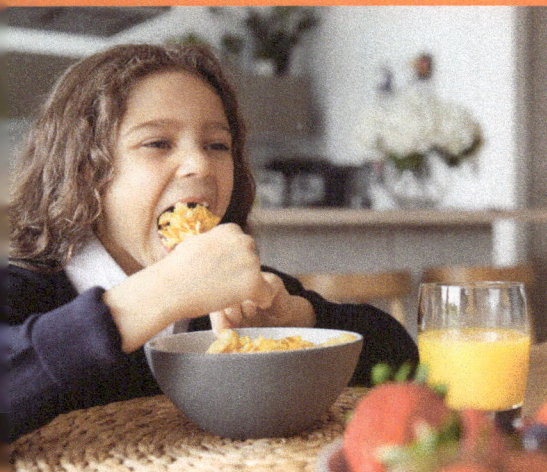

Garde une distance de 6 pieds (2 mètres) des autres personnes.

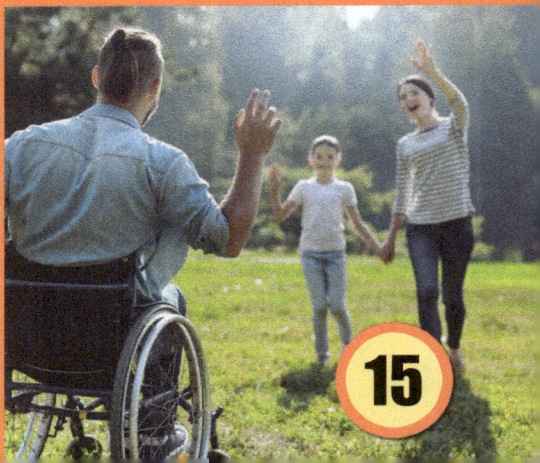

15

Risques pour différentes personnes

Certaines personnes sont plus susceptibles de tomber gravement malades à cause du COVID-19 que d'autres. Les personnes âgées ont du mal à lutter contre de nouvelles maladies comme le COVID-19. Certaines personnes qui ont déjà d'autres maladies courent également un risque plus élevé.

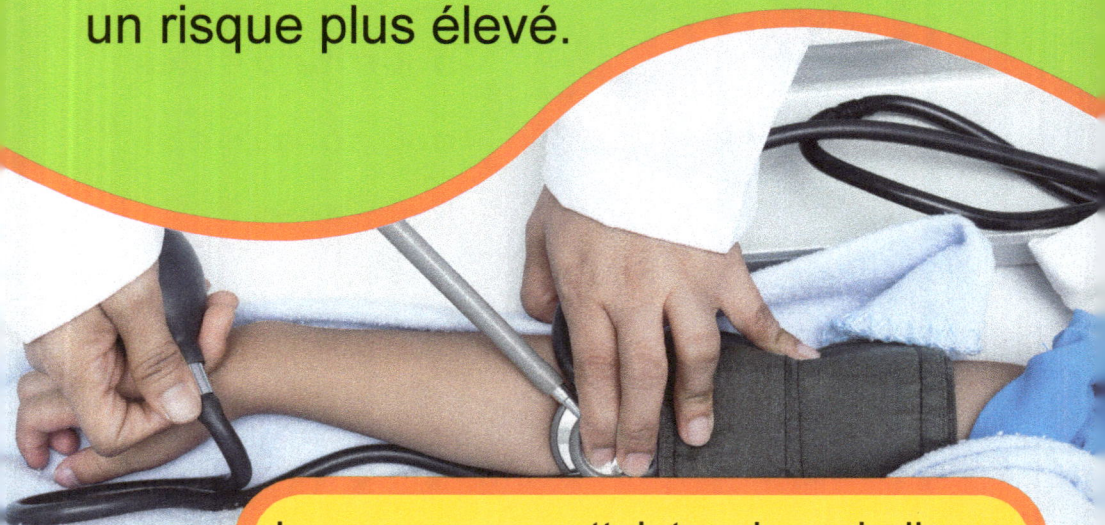

Les personnes atteintes de maladies cardiaques, de **diabète**, d'hypertension artérielle, de maladies pulmonaires et de cancer sont les plus à risque.

16

Les globules blancs trouvent et attaquent les virus dans le corps humain. À mesure que les gens vieillissent, ils ont généralement moins de globules blancs dans leur corps. C'est pourquoi les virus peuvent être plus problématiques pour les personnes âgées.

Comment COVID-19 affecte-t-il les enfants?

La plupart des enfants de moins de 10 ans ont peu ou pas de réaction au COVID-19. Cependant, les enfants peuvent être porteurs du virus et le transmettre à d'autres.

De nombreux terrains de jeux ont fermé leurs portes pour empêcher la propagation du COVID-19.

18

Dans les endroits où les enfants ont continué à jouer avec leurs amis, le virus s'est propagé plus rapidement. **La distance sociale** entre les enfants est importante pour assurer la sécurité des personnes âgées.

Il est très fréquent que les enfants tombent malades à cause des virus. En 2020, environ 25% des cas de grippe commune aux États-Unis concernaient des enfants.

Qu'est-ce que la distance sociale?

La distanciation sociale est un effort pour ralentir ou arrêter la propagation du COVID-19. Il faut rester au moins à 6 pieds (2 mètres) de loin de toute personne qui ne vit pas dans la même maison.

Un vélo mesure environ 6 pieds (2 mètres) de long.

En gardant une distance de sécurité avec les autres, il est difficile pour le COVID-19 de se propager. Il est prouvé que l'éloignement social est l'un des meilleurs moyens de ralentir la propagation d'une maladie pendant une pandémie.

La plupart des sports ne peuvent pas être pratiqués en pratiquant l'éloignement social. Pour protéger les athlètes, les Jeux Olympiques de 2020 à Tokyo, au Japon, ont été **reportés** d'un an.

Comment pratiquer la distance sociale

Salue les autres de la main au lieu de donner une poignée de main, un baiser ou un câlin.

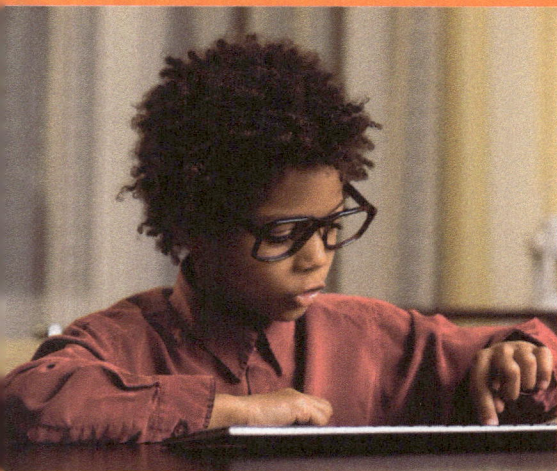

Reste à la maison autant que possible.

Parle à des amis sur un appareil mobile.

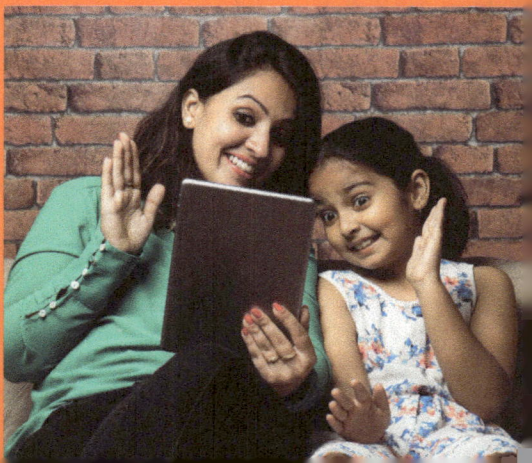

Trouve des façons créatives de faire de l'exercice à la maison.

Commande de la nourriture et des fournitures en ligne au lieu d'aller au magasin.

Trouve un cours en ligne et apprend une nouvelle compétence, comme jouer de la guitare.

23

Pourquoi la distance sociale est-elle importante?

Normalement, les hôpitaux ont suffisamment de médecins, d'infirmières et de lits pour prendre soin des malades. Si le COVID-19 se propage trop rapidement, les hôpitaux seraient trop occupés pour prendre correctement soin des patients.

Avec moins de malades dans les hôpitaux, les médecins et les infirmières courent moins de risques de tomber eux-mêmes malades.

24

Lorsque la distanciation sociale est pratiquée, moins de personnes tombent malades en même temps. Cela garantit que les personnes malades peuvent recevoir autant d'aide que possible lorsqu'elles se rendent à l'hôpital.

Les hôpitaux ne disposent que d'une certaine quantité de masques respiratoires appelés ventilateurs. Des ventilateurs sont nécessaires pour aider les personnes qui sont incapables de respirer par leurs propres moyens.

Comment les enfants apprennent-ils avec la fermeture des écoles?

Les fermetures d'écoles sont l'une des nombreuses façons de pratiquer la distanciation sociale. Les enfants peuvent regarder des leçons vidéo sur des matières tels que les mathématiques, l'écriture, l'art et les sciences.

Zoom est un programme informatique qui permet aux enseignants de se connecter avec les élèves via la vidéo.

Les enseignants peuvent répondre aux questions de leurs élèves via le chat vidéo. Des millions d'enfants à travers le monde apprennent à la maison.

Google Classroom est un endroit où les enseignants peuvent partager le travail scolaire. Une fois terminé, les étudiants peuvent renvoyer leurs devoirs à leurs enseignants via Google Classroom.

Que devraient faire les gens s'ils se sentent malades?

Si quelqu'un se sent malade, il est important qu'il rentre chez lui. Cela permet de s'assurer que personne d'autre ne tombe malade.

Les masques faciaux peuvent aider à arrêter la propagation du COVID-19.

Si quelqu'un se sent malade, il doit éviter d'utiliser les bus, les trains ou les taxis publics. Si la personne tousse, a de la fièvre ou a de la difficulté à respirer, elle doit appeler un professionnel de la santé.

Un médecin ou une infirmière peut demander aux malades de rester à la maison jusqu'à ce qu'ils se sentent mieux.

Qu'est-ce qu'un vaccin?

Un **vaccin** est un type de médicament qui peut aider à lutter contre les virus et autres maladies. Les vaccins sont conçus pour ressembler aux virus qu'ils tentent de combattre.

Le COVID-19 pourrait revenir à chaque saison de la grippe. Un vaccin peut aider à empêcher que cela ne se produise.

Cela aide à enseigner au corps comment combattre le vrai virus si une personne est infectée. De nombreux professionnels de la santé pensent qu'un vaccin contre le COVID-19 pourrait être fabriqué en 18 mois environ.

Lorsque 95% des personnes sont vaccinées, il est peu probable que les virus se propagent aux personnes malades.

Comment la technologie aide pendant la crise

Des imprimantes 3D sont utilisées pour créer des masques et des ventilateurs.

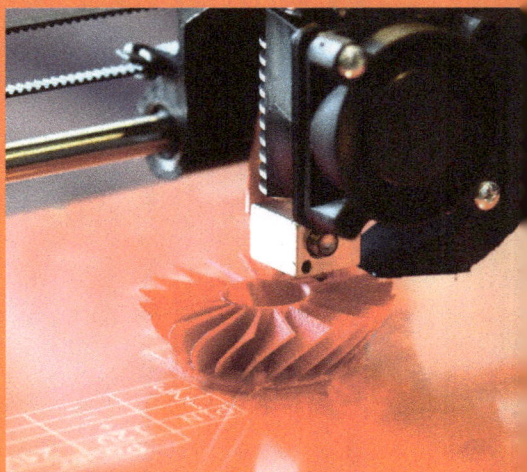

Les kits de test COVID-19 aident les gens à se tester à la maison.

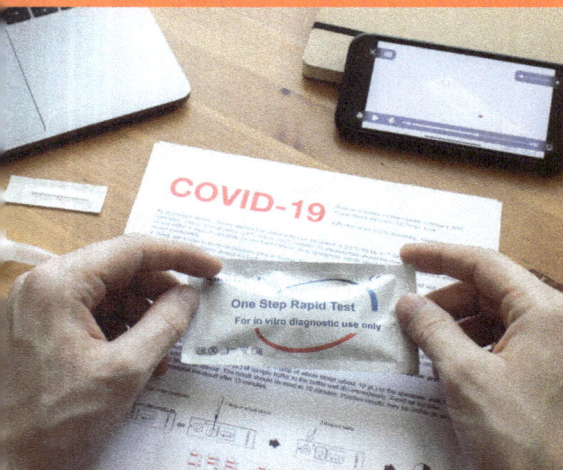

Des drones sont utilisés pour acheminer des fournitures chez les gens.

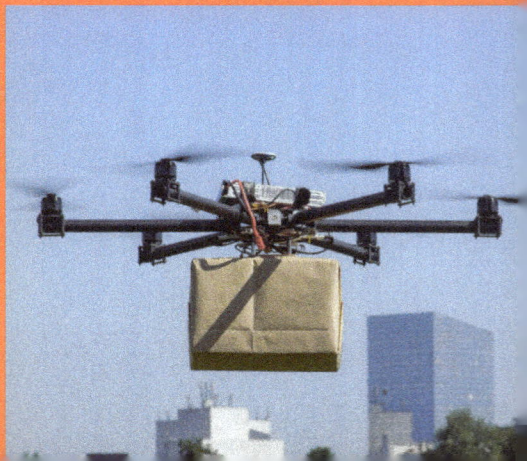

32

Un robot a été créé pour tuer le COVID-19 avec de la lumière **ultraviolette.**

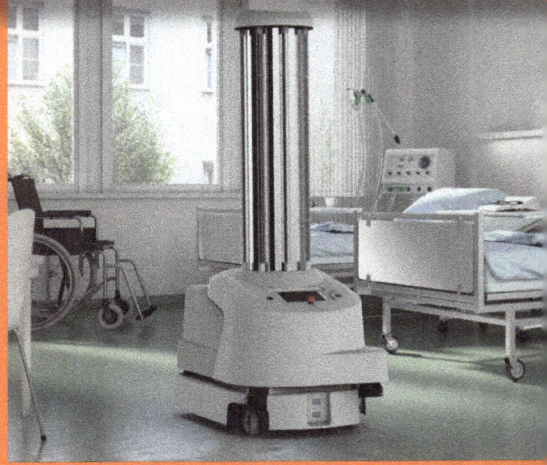

Des caméras **infrarouge** sont utilisées pour vérifier la température des gens.

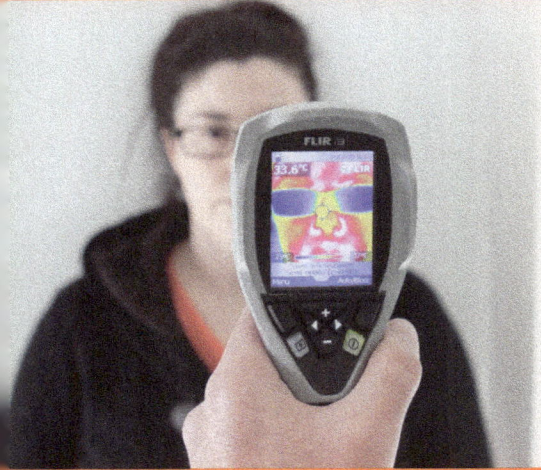

Les robinets automatiques et les pompes à savon empêchent les microbes de se propager.

33

Comment les constructeurs automobiles aident

De nombreux constructeurs automobiles à travers le monde ont cessé de fabriquer de nouveaux véhicules. Ils transforment leurs usines automobiles en des lieux où le matériel médical peut être fabriqué. Ces usines fabriqueront probablement de nouvelles voitures à la fin de la crise.

General Motors a lancé le «Projet V». Il est prévu de construire 200 000 nouveaux ventilateurs dans une usine automobile en Indiana qui fabrique de petites pièces électroniques pour les voitures.

Certaines usines automobiles ont commencé à fabriquer des masques faciaux pour aider à protéger les médecins et les infirmières. D'autres usines fabriquent des ventilateurs pour aider les personnes malades à respirer.

Elon Musk **réoriente** l'usine de panneaux solaires de Tesla à Buffalo, New York, pour fabriquer des ventilateurs pour les personnes vivant à New York.

Qu'est-ce que l'Organisation mondiale de la santé?

L'Organisation mondiale de la santé contribue à garantir la santé des populations du monde entier. Elle surveille également les nouvelles maladies, telles que le COVID-19. En cas de pandémie, l'Organisation mondiale de la santé aide les pays en leur fournissant des conseils et des fournitures.

L'Organisation mondiale de la santé compte 194 pays membres.

Chronologie

2019

31 décembre — La Chine avertit l'Organisation mondiale de la santé d'environ 41 patients à Wuhan avec un nouveau type de pneumonie.

Le premier cas du COVID-19 hors de Chine est apparu en Thaïlande.

2020

13 janvier

20 janvier — Le premier cas du COVID-19 est apparu aux États-Unis.

L'Organisation mondiale de la santé appelle le COVID-19 une pandémie. **11 mars**

26 mars — Les États-Unis ont plus de cas de COVID-19 que tout autre pays dans le monde.

Plus d'un tiers de l'humanité est sous une forme d'**isolement**. **31 mars**

Comment ouvrir des colis en toute sécurité

Étant donné que le COVID-19 peut vivre sur des emballages pendant 24 heures, demandez à un adulte de prendre les mesures suivantes pour assurer la sécurité de votre foyer.

1. Déplacez les colis dans un endroit sûr et attendez 24 heures avant de les ouvrir.

2. Les adultes peuvent également essayer d'ouvrir les emballages sans toucher au carton.

3. Laissez les boîtes en carton ouvertes dans votre véranda pendant 24 heures avant de les recycler.

4. Lorsqu'un adulte a fini de toucher les emballages, assure-toi qu'il se lave les mains.

Lorsqu'un facteur dépose un colis, il est important de garder tes distances jusqu'à son départ. Cela vous aidera, toi et le facteur, à vous protéger.

Planifier un voyage au magasin

Parfois, les adultes doivent aller dans une pharmacie ou une épicerie. Sur un morceau de papier, créez une liste de contrôle à suivre par votre adulte.

1. Lave-toi les mains avant de quitter la maison.

2. Ne touche pas tes yeux, ton nez ou ta bouche lorsque tu es dehors.

3. Évite d'apporter un smartphone de tes oreilles. Le téléphone mains libres ou haut-parleur est plus sûr.

4. Garde deux longueurs de chariot d'épicerie de distance des autres acheteurs.

5. Essaye d'utiliser la fonction tap sur ta carte de crédit, ou utilise un autre type de paiement mains libres.

6. Place tous les sacs dans la cuisine.

7. Lave-toi les mains avec du savon et de l'eau.

8. Lave tous les légumes à l'eau froide ou tiède.

9. Utilise un nettoyant de cuisine pour nettoyer l'extérieur des emballages en plastique ou papier.

10. Nettoie tous les comptoirs de cuisine.

11. Lavez-toi les mains une dernière fois.

Lors du choix d'un article, un adulte ne doit toucher que ce qu'il achètera.

Fais ton propre désinfectant pour les mains

Pendant la propagation rapide du COVID-19, les magasins ont vendu des désinfectants pour les mains. Avec l'aide d'un adulte, suis les instructions ci-dessous pour fabriquer ton propre désinfectant pour les mains.

Matériel:

bol

1/3 tasse de gel d'aloe vera

Entonnoir

2/3 tasse d'isopropyle à 99 pour cent (alcool à friction)

Récipient ou distributeur hermétique

3-4 gouttes d'huiles essentielles (facultatif)

Commence par mélanger l'alcool à friction et le gel d'aloe vera dans un grand bol. Remue jusqu'à ce que la surface soit lisse. Ajoute quelques gouttes d'huiles essentielles. Utilise un entonnoir pour verser le désinfectant pour les mains dans le récipient ou le distributeur hermétique.

Dans cette recette, l'alcool isopropylique est utilisée pour tuer les microbes, tandis que l'aloe vera empêche ta peau de devenir trop sèche. Les huiles essentielles donneront un parfum au désinfectant pour les mains. Ton désinfectant pour les mains peut désormais être utilisé pour nettoyer tous les recoins de tes mains en cas de besoin. Comme tout type de désinfectant pour les mains, il est dangereux d'avaler un désinfectantpour les mains. Demande à l'adulte de ta maison de mettre le désinfectant pour les mains dans un endroit sûr, hors de la portée des petits enfants.

Comment se laver les mains

Si tu es en public, il peut être nécessaire de toucher une surface que d'autres ont touchée, comme une poignée de porte. Dans ces cas, il est important d'agir comme si le virus pouvait être sur tes mains. Ne touche jamais tes yeux, ton nez ou ta bouche, car c'est ainsi que le COVID-19 pénètre dans le corps. Si le virus entre en contact avec tes mains, il est facile de le nettoyer en te lavant les mains pendant au moins 20 secondes avec du savon et de l'eau tiède.

1. Utilise du savon.

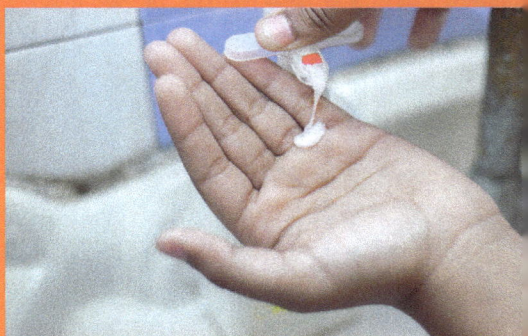

2. Lave chaque paume de tes mains.

3. Lave le dos de chaque main.

4. Lave entre chaque doigt.

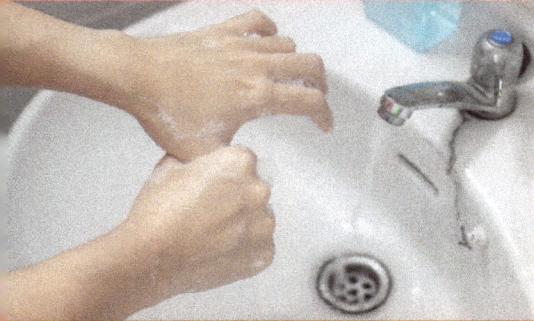

5. Lave la base de chaque pouce.

6. Lave les ongles dans chaque paume de tes mains.

7. Rince-toi les mains.

8. Séche les mains.

Quiz

Teste tes connaissances sur le COVID-19 en répondant aux questions suivantes. Les questions sont basées sur ce que tu as lu dans le texte. Les réponses sont répertoriées au bas de la page 45.

1 Où un virus peut-il se dédoubler?

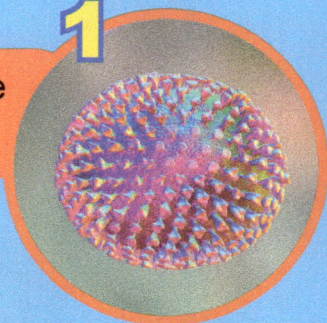

2 Combien de types de coronavirus affectent les humains?

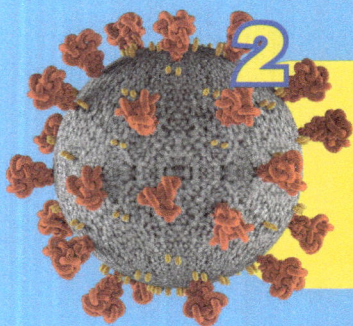

3 Pourquoi le COVID-19 a-t-il été qualifié de pandémie?

4 Comment 'appelle-t-on la maladie lorsqu'une personne a une infection grave dans un ou les deux poumons?

5 Comment les gens doivent-ils rester séparés pour que la distanciation sociale fonctionne?

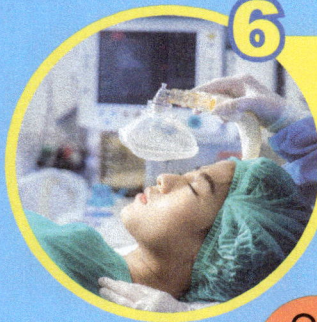

6 Qu'est-ce qui aide les personnes incapables de respirer par eux-mêmes?

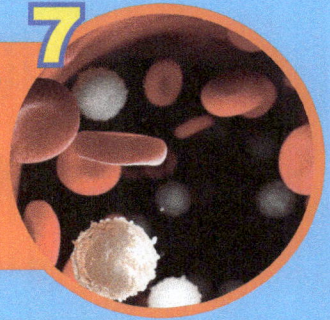

7 Quel type de cellules les gens ont-ils généralement moins en vieillissant?

8 Qu'est-ce qui est similaire aux virus qu'ils tentent de combattre?

9 Quelle organisation aide à s'assurer que les gens du monde entier sont en bonne santé?

10 Pour combien de temps les gens doivent-ils se laver les mains avec du savon et de l'eau?

Réponses: 1. À l'intérieur d'une forme de vie 2. Sept 3. En raison de sa rapidité et de sa facilité de propagation dans le monde 4. Pneumonie 5. 6 pieds (2 mètres) 6. Un ventilateur 7. Globules blancs 8. Vaccins 9. L'Organisation mondiale de la santé 10. Au moins 20 secondes

Mots clés

contagieux: quelque chose qui se propage d'une forme de vie à une autre par contact direct ou indirect

diabète: une maladie qui provoque une glycémie élevée

infrarouge: un type de lumière qui est fabriqué à partir de la chaleur et est invisible à l'œil humain sans caméra spéciale

isolement: pour rester séparé des autres

microscope: un outil utilisé pour faire paraître de plus petits objets plus grands

pandémie: une maladie qui s'est propagée sur une vaste zone, où le nombre de personnes infectées continue d'augmenter

pneumonie: infection pulmonaire qui se produit lorsque les sacs aériens d'un ou des deux poumons se remplissent de liquide, ce qui rend la respiration difficile

reporté: organisé pour que quelque chose se produise plus tard que prévu

réutilisation: l'utilisation de quelque chose à une fin autre que son utilisation initiale prévue

distanciation sociale: l'effort de prévention de la propagation d'une maladie en réduisant les contacts et en restant à distance des autres

symptômes: signes qui suggèrent la présence d'autre chose

ultraviolette: un type de lumière qui peut endommager les tissus vivants

vaccin: un type de médicament utilisé pour former un individu à lutter contre une maladie

virus: minuscules formes de vie qui peuvent infecter tous les types de formes de vie

Explorez les autres niveaux de la série sur le COVID-19!

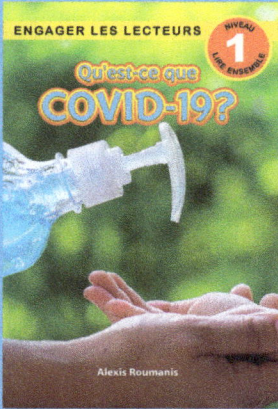

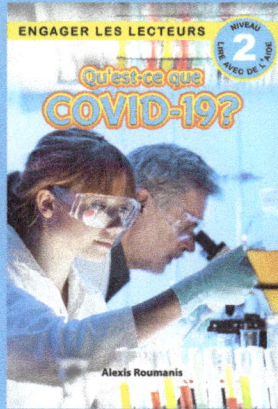

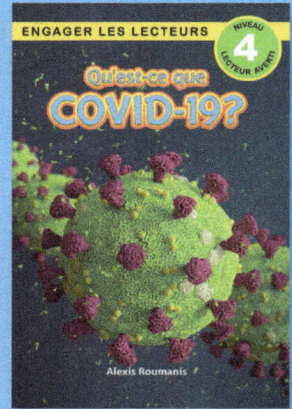

Visite www.engagebooks.com pour en connaître plus sur Engager les lecteurs.

À propos de l'auteur

Alexis Roumanis a été diplômé du programme de master en édition de l'Université Simon Fraser en 2009. Depuis, il a édité des centaines de livres pour enfants et écrit plus de 100 livres éducatifs. Son public comprend des enfants de la maternelle jusqu'en classe de 12ième année ainsi que des étudiants universitaires. Alexis vit avec sa femme et ses trois jeunes garçons en Colombie-Britannique, au Canada. Il aime le plein air, lire un bon livre et a une passion pour apprendre de nouvelles choses.

www.ingramcontent.com/pod-product-compliance
Lightning Source LLC
Chambersburg PA
CBHW051233020426
42331CB00016B/3357